Fervi por dentro

Cleber Galhardi
ilustrações: Rafael Sanches

3ª edição
Do 8º ao 11º milheiro
3.000 exemplares
Novembro/2019

© 2017-2019 by Boa Nova Editora.

Capa e Ilustrações
Rafael Sanches

Diagramação
Juliana Mollinari

Revisão
Alessandra Miranda de Sá

Assistente Editorial
Ana Maria Rael Gambarini

Coordenação Editorial
Ronaldo A. Sperdutti

Impressão
Plenaprint

Todos os direitos reservados.

Nenhuma parte desta obra pode ser reproduzida ou transmitida por qualquer forma e/ou quaisquer meios (eletrônico ou mecânico, incluindo fotocópia e gravação) ou arquivada em qualquer sistema ou banco de dados sem permissão escrita da Editora.

O produto da venda desta obra é destinado à manutenção das atividades assistenciais da Sociedade Espírita Boa Nova, de Catanduva, SP.

1ª edição: Junho de 2017 – 5.000 exemplares

Dados Internacionais de Catalogação na Publicação (CIP)
(Câmara Brasileira do Livro, SP, Brasil)

Galhardi, Cleber
    Fervi por dentro / Cleber Galhardi ; ilustrações Rafael Sanches. -- Catanduva, SP : Boa Nova Editora, 2017.

    ISBN: 978-85-8353-078-7

    1. Espiritismo 2. Literatura infantojuvenil
I. Sanches, Rafael. II. Título.

17-04774   CDD-028.5

Índices para catálogo sistemático:

1. Espiritismo : Literatura infantil 028.5
2. Espiritismo : Literatura infantojuvenil 028.5

Este livro pertence a

_____

Olá! É muito bom estarmos juntos. Gostaria de conversar um pouco com você sobre essa emoção chamada raiva.

Antes disso, porém, é melhor me apresentar. Meu nome é

Aguar.

Pode ser que ache meu nome estranho, mas, assim que eu explicar o significado, talvez você mude de opinião. A origem do meu nome é simples, e quer dizer:

Anjo Guardião

Isso mesmo. Todos nós temos um amigo invisível que nos ama e está sempre conosco, ainda que não o vejamos. Ele é nosso Anjo Guardião. Eu, por exemplo, adoro conversar com as pessoas e ajudá-las. Minha missão neste livro é tratar de algo que sentimos e nos faz explodir de vez em quando: a raiva.

Sabe aquela sensação que nos faz ferver por dentro e que dá vontade de sair quebrando tudo ou bater em alguém? É sobre ela que vamos conversar um pouco.

A primeira coisa que precisamos entender é que

Ops, já ia me esquecendo. Tenho um jeito diferente de me comunicar. Preciso de palavras mágicas. Não estranhe, por favor; pode ter certeza de que será muito divertido. Quando se habituar, ficará bem mais fácil a nossa conversa. Como estava dizendo:

"ÉNASERA"

Isso mesmo, a raiva é uma emoção, e é impossível não senti-la em alguns momentos. Isso quer dizer que não é necessário você fingir que não está com raiva. Podemos sentir raiva até mesmo das pessoas que amamos. O problema está em não saber o que fazer com ela. O ideal é encontrar formas de lidar com essa emoção sem nos machucar nem machucar os outros.

Não finja que a raiva não existe. Tem gente que tem medo até de falar nela, por achar que pessoas boas não podem senti-la. Isso não é verdade.

São várias as situações que nos deixam enraivecidos. Vamos a alguns exemplos:

1. Quando nosso desempenho não é aquele que desejamos.

Nosso desejo é que as coisas sempre aconteçam da maneira que queremos. Acontece que às vezes isso não é possível. Existem situações em que, por maior que seja nosso esforço, algo pode dar errado. Faz parte da condição humana errar e acertar, ok?

2. Quando as pessoas não se comportam da forma que queremos.

Pois é, precisamos entender que cada um de nós possui gostos e tendências diferentes. Nem sempre o que eu gosto de fazer é aquilo que meus pais ou amigos gostam. Isso pode levar as pessoas a agir de uma maneira que não me agrada. Não porque são más, mas simplesmente porque pensam e gostam de outras coisas!

3. Ela também pode aparecer quando somos criticados.

Ninguém gosta de receber críticas; isso incomoda bastante. Você já pensou, porém, que algumas críticas podem ser verdadeiras? Nessa hora, precisamos admitir nossa falha e trabalhar para melhorar. Mas... e se a crítica for falsa? Tudo bem; se não é verdade, não há motivo para ficarmos chateados. É melhor seguir nossa vida tranquilamente.

Nossa primeira tarefa é tentar entender em quais momentos ficamos irritados. Na próxima vez que acontecer, tente encontrar quais os motivos que fizeram a raiva aparecer. Existem muitas situações que nos fazem ferver por dentro; procure identificar quais são essas situações e pense um pouco sobre elas.

Para encontrar as razões, você

"PREASERA"

PRECISA ADMITIR QUE SENTE RAIVA.

Tome cuidado para não ficar escondendo que sentiu raiva. Quem faz isso corre o risco de acumular essa sensação, podendo explodir na hora errada. Não há mal algum em aceitar que sentimos raiva.

Não fique esperando que as pessoas percebam que fizeram algo que o deixou com raiva. Nem sempre elas sabem o que está acontecendo dentro de você. Olhe para elas e diga: "Isso me deixou irritado".

Depois, tente explicar as suas razões. Utilize, por exemplo, a frase "Fiquei irritado porque...". Desse jeito, será possível fazer as pessoas perceberem o que você está sentindo.

O cuidado deve ser sempre voltado para o que faremos com essa raiva, e não em mentir para nós e os outros, fingindo que não estamos sentindo nada.

Atenção, muito cuidado com o

"JEMORA"

Ele pode nos trazer grandes problemas quando aparece em nosso comportamento.

Sabe o que é
"JEMORA"?
Não? É simplesmente o

**Jeito
Equivocado de
MOstrar
RAiva**

Quem perde o controle pode cometer ações estranhas. Quebrar um brinquedo, agredir um amigo e xingar são ações normalmente realizadas por aqueles que se deixam dominar pela irritação.

Cuidado! Depois de um tempo, sempre nos acalmamos e pensamos melhor na situação. O resultado, nesses casos de se deixar dominar pela irritação, é o arrependimento. Dá aquela sensação estranha, chamada culpa, e uma vontade imensa de voltar atrás, mas toda vez que isso acontece já nos deixamos levar pela raiva.

Uma dica: certas palavras ferem mais que uma agressão física, por isso, pense bem antes de dizê-las.

Então, que tal tentar

"ESCOA"

ESCOLHER COMO AGIR?

Isso mesmo. Para não se arrepender do que fez, existe a possibilidade de escolher como agir no momento em que "sobe" a raiva. Assim que sentir isso, antes de estourar, lembre-se de que é possível escolher um jeito melhor de resolver a situação.

Eu disse "assim que sentir". Sabe por quê? Às vezes, nem nos damos conta daquilo que estamos sentindo. Quantas vezes ficamos "cegos" de raiva e percebemos somente depois que fomos dominados por ela? Tentar sentir o que está acontecendo com a gente ajuda a pensar antes de agir!

Respire fundo, tente dominar seus impulsos, converse e procure resolver a situação. Todos sairão ganhando com isso. A escolha é sempre sua, não se esqueça.

Atenção! Outra possibilidade é não conseguirmos resolver isso sozinhos. Fique tranquilo se for esse o caso. Mantenha a calma; somos humanos e temos nossos limites. Se perceber que não está conseguindo resolver a situação, é hora de

"BUA"

BUSCAR AJUDA.

Esse é um gesto muito bonito. Demonstra humildade e vontade de aprender. Como já disse, temos que respeitar nossas limitações.

Fale sobre sua raiva e os motivos que a fazem aparecer com pessoas mais velhas. Converse com seus pais, tios ou um amigo. Conte a eles sobre sua irritação e peça conselhos.

Não tenha vergonha disso! Tem gente que pensa que é um super-herói e que não precisa de ajuda. Não existe isso; todos podemos ajudar e também precisar de ajuda em determinados momentos. É muito mais sábio quem admite que precisa de ajuda do que aquele que julga que sabe tudo, pode acreditar!

Você percebeu que até agora falamos somente da raiva que os outros nos fazem sentir? Será que não estamos esquecendo nada? Claro que estamos. Esquecemo-nos que nós também deixamos os outros com raiva.

Aí é necessário

"**OUPER**"

OUVIR e **PERGUNTAR**

Isso mesmo. Pode ser que não tenhamos a intenção de irritar os outros com nosso jeito de ser, mas isso acontece.

Nessas horas, precisamos aprender a ouvir. Da mesma maneira que queremos que nos escutem quando sentimos raiva, precisamos dar às pessoas o direito de falarem que estão incomodadas com o que fazemos.

Depois, podemos conversar e tentar mudar nossas atitudes. Claro que você tem o direito de se explicar. Fale sobre suas razões e tente encontrar uma solução amigável.

Já disse que às vezes ficamos calados e engolimos nossa raiva. Pois é, as pessoas também. Caso perceba isso, pergunte. Tente algo assim: "Fiz alguma coisa que o deixou com raiva?". Perguntar e escutar são atitudes saudáveis que nos ajudam a manter bons relacionamentos.

E o que fazer com a raiva? Depois que ela apareceu, temos que encontrar um jeito inteligente de lidar com ela, não é mesmo?

Conforme já conversamos, não é uma boa ideia sair quebrando tudo ou brigando. Que tal encontrar um lugar para praticar esporte? Quando nos dedicamos a uma atividade física, podemos gastar toda essa energia nos exercitando. Procure praticar um esporte com o qual tenha prazer e, quando sentir raiva, coloque essa energia no esporte.

Talvez você pergunte:

"E se eu não gostar de esportes, Aguar?"

Tudo bem. Existe a possibilidade de dar socos em uma almofada. É um jeito de gastar essa energia também.

Outra maneira de utilizar de modo saudável essa emoção é transformá-la em coragem. Em vez de agredir alguém, use essa força para estudar, por exemplo. Sei que é difícil nos concentrar quando estamos fervendo por dentro. Mas aguarde um pouco! Dê um tempinho e, após as coisas se acalmarem, retorne para os estudos e use essa força em seu benefício, traçando metas e objetivos!

Aprender algo novo é outra alternativa. Se alguém o ofendeu dizendo que é ignorante e você ficou com raiva, use essa energia para aprender aquilo que não sabe. Todo novo aprendizado enriquece nossa alma e nos faz sentir bem. Ficamos mais confiantes, e essa confiança nos dará forças para superar a ofensa recebida.

Gostaria, agora, de ensinar um recurso que não pode faltar a nenhum de nós; um recurso que um homem chamado Jesus ensinou há mais de dois mil anos. Ele se chama perdão, portanto, aprenda a

"PERPAVIME"

PERDOAR PARA VIVER MELHOR.

Estar com raiva de alguém não quer dizer que deixamos de amar essa pessoa. Trata-se de uma situação momentânea e passageira. Por isso, perdoe. Todos cometemos erros e temos o direito de ser perdoados.

Treine o recurso do perdão. Ele é útil e faz bem para a alma. Sentimo-nos aliviados quando tiramos o peso da raiva e da vingança de dentro de nós.

E aprenda também a se perdoar. De nada adianta ficar se sentindo culpado. Resolva a situação, peça desculpa sempre que perceber um erro cometido. Não somos infalíveis; todos erramos em determinados momentos e, quando temos a humildade de assumir esses erros e nos desculpar, damos um passo em busca do nosso crescimento interior.

Seja qual for a situação, sempre existe a possibilidade de diálogo. Conversando, temos a chance de expor nosso ponto de vista e de ouvir o ponto de vista do outro. Em conjunto, sempre vamos conseguir resolver a situação.

Perdoar e perdoar-se são as melhores opções sempre.

Puxa, quantas descobertas fizemos a respeito da raiva! Acho que agora temos muita coisa para pensar sobre essa emoção.

Ela é uma emoção que precisa ser entendida e trabalhada. Jamais tente disfarçar ou negar que sente raiva. Somos humanos, e nossa condição atual exige que tenhamos certas emoções, pois são recursos que nos ensinam sobre nosso mundo íntimo.

Então, vamos lá!

"PREALICO" PRECISAMOS APRENDER A LIDAR COM ELA.

Vou repetir o que disse antes: fingir que não a sentimos ou não aprender a lidar com ela somente nos criará problemas. Quando sentir raiva, da próxima vez, experimente um novo jeito de agir. Pense nas possibilidades sobre as quais conversamos. Tenho certeza de que encontrará uma forma saudável de trabalhar a emoção da raiva.

Puxa vida, que conversa agradável! Espero que você também tenha aproveitado. Adorei ter esse bate-papo com você. Tenha certeza de que nos veremos em um próximo livrinho e, juntos, conversaremos sobre muitas outras coisas que acontecem dentro da gente.

Até a próxima oportunidade.

"QUEDEAPA!"

Que
Deus
Abençoe seus
Passos!!!!

Instituto Beneficente Boa Nova
Entidade coligada à Sociedade Espírita Boa Nova
Av. Porto Ferreira, 1.031 | Parque Iracema
Catanduva/SP | CEP 15809-020
www.boanova.net | boanova@boanova.net
Fone: (17) 3531-4444